Swing Trading Usando el Gráfico de 4 Horas

Parte 2: ¡Gana dinero con el *fakeout!*

Traducido del inglés al español por Carlos Parra

Heikin Ashi Trader

I0481560

DAO PRESS

Tabla de Contenido

1. ¡Una Finta en su Máxima Expresión!

Los mercados financieros se han vuelto mucho más eficientes en la era de la informática. Tan eficientes que pueden permitirse todo tipo de maniobras complejas y confusas (como una finta o amague) que ponen a los traders privados permanentemente a prueba. *"El análisis técnico ya no funciona"*, argumentan algunos. Los algoritmos y las cajas negras han sacudido tanto el juego que ya no se pueden encontrar configuraciones razonables, y menos unas que se puedan negociar.

Estas quejas no son nuevas, y la pregunta de si los mercados eran más fáciles de negociar antes de la era de la informática sólo la pueden responder aquellos traders que estuvieron allí y que hoy todavía comercian, los cuales no son muchos. Por lo tanto, la pregunta debería ser: ¿puedo ver los mercados y aprovechar las fintas, la caza de stop loss, los juegos y los algoritmos de los grandes jugadores (el *big* o *smart money*) para mi beneficio?

¡La respuesta es un sí rotundo! Con la práctica puedes aprender a detectar estos trucos en un gráfico e identificar las intenciones subyacentes del mercado. Obviamente también puedes desarrollar una estrategia de trading extremadamente rentable basada exclusivamente en la detección de las llamadas falsas rupturas, (de aquí en adelante **fakeouts)**. Esta estrategia sería más una respuesta a las realidades de los mercados actuales que un intento por "vencer al mercado" con métodos obsoletos.

De una manera parecida a la inteligencia de enjambre, todos los jugadores en los mercados financieros han aprendido nuevas lecciones. No obstante, aunque la complejidad sin duda ha aumentado, los mismos patrones se pueden observar repetidamente. Y aunque estos patrones se basan en las reglas habituales del análisis técnico, terminan llevando a los jugadores a situaciones absurdas.

La finta se ha convertido en la regla, pero muchos traders asiduos al análisis técnico se alejan de ella. No exageraría demasiado si dijera que en los mercados actuales *primero viene la finta y luego el movimiento real. Aquellos peces pequeños capaces de reconocer este razonamiento tienen más fácil ganar dinero nadando con los tiburones.* Entonces, el trading se convierte de nuevo en un verdadero placer – lo que debería ser en mi opinión – sin importar lo que algunos puedan decir sobre la necesidad de ser serio y aburrido para ser un buen trader.

Aquellos que hagan de la observación del fakeout una de las columnas principales de su filosofía comercial también podrán observar las reales intenciones del big money de los tiburones. *Estos jugadores en últimas lideran al equipo y determinan sus movimientos. Nunca te equivocarás si los sigues.*

"¡Por sus falsificaciones los conoceréis!" Son estos grandes jugadores los que pueden romper soportes o resistencias que se han construido durante varios días o semanas, cazar todas las órdenes stop loss de los pequeños inversores y hacer girar alegremente el mercado. Los individuos con menos capital no pueden hacer esto. Una imagen vale mil palabras:

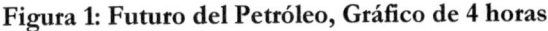

Figura 1: Futuro del Petróleo, Gráfico de 4 horas

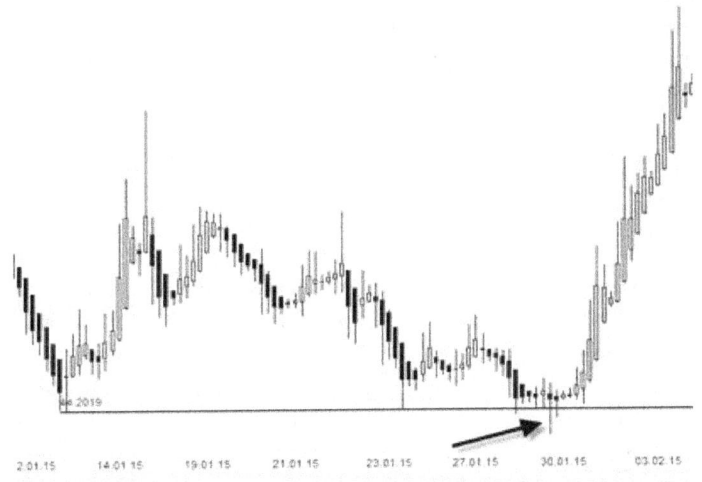

Este ejemplo de los futuros del petróleo ilustra bastante bien esto. Vemos que el futuro encontró un soporte en US$ 44.20, el 13 de enero de 2015 (línea horizontal en el gráfico). Este soporte duró aproximadamente 2 semanas y fue probado en varias oportunidades (8 veces).

El 29 de enero el mercado rompió este soporte (flecha), haciendo que los futuros del petróleo se hundieran temporalmente a US$ 43.57. Esta ruptura a la baja habría desencadenado una señal corta para el análisis técnico clásico, y estoy convencido de que muchos traders la habrían negociado.

Tal vez recibieron una notificación de sus plataformas diciendo que "el mercado" había caído por debajo de los US$ 44.20. Obviamente habían colocado una parada por debajo de US$ 44.20, una decisión que no es ilógica según la doctrina clásica. Después de todo, los futuros habían probado este importante nivel de soporte un total de 8 veces en las semanas previas.

En otras palabras, todos los actores del mercado observaron este nivel de soporte y probablemente lo marcaron, como yo lo hice, con una línea horizontal en sus gráficos. La pregunta normal por lo tanto era si el soporte se mantendría o si el precio del petróleo seguiría cayendo.

Sin embargo, es exactamente esta pregunta típica la que está perjudicando a los analistas técnicos inexpertos. El big money obviamente es consciente de que los pequeños jugadores se hacen esta pregunta. Cuando sucedió la ruptura del 29 de enero la decisión más sensata parecía ser cortar el mercado, sin embargo, en retrospectiva vemos que esta no fue la decisión correcta. El futuro permaneció algunas horas por debajo de US$ 44.20 y pronto regresó, pero el precio de cierre de la vela de ruptura estuvo por encima de ese nivel. La supuesta señal corta fue, por lo tanto, un engaño, porque el precio de cierre en una base de 4 horas debió haber estado al menos por debajo del soporte.

Los "osos" (el vendedor o los vendedores cortos) tuvieron un éxito temporal exprimiendo el precio bajo el soporte, pero, los "toros" (los compradores) aparecieron en escena y aprovecharon la oportunidad de entrar nuevamente al mercado a precios bajos.

Obviamente había más compradores que vendedores, y el precio ascendió nuevamente. Puedes notar esto por la larga sombra de las velas en el gráfico Heikin Ashi. Los que utilizan esta representación gráfica identificarán este patrón como un "martillo", el cual generalmente se interpreta como un patrón alcista.

Sin embargo, es más probable que encuentres el término "Pin Bar" para describir esta situación. Esta es una abreviatura de *Pinocchio's Bar*, o la barra de Pinocho. En otras palabras, la larga y estrecha sombra de la vela simboliza la nariz de Pinocho, lo que significa que aquí se está diciendo una mentira.

La ruptura a la baja se presentó entonces como un engaño, o fakeout. En general sólo los grandes operadores con grandes capitalizaciones son capaces de romper un soporte tan fuerte. Una cosa es clara: dado que todos los actores del mercado han estado observando el nivel de soporte durante semanas, muchos cazadores de gangas están dispuestos a comprar el mercado tan pronto como el precio se acerque a este nivel de soporte.

Además, hoy en día es casi una regla que los grandes jugadores se entretengan un poco con los chicos y pretendan que a partir de ahora (justo después de la ruptura descendente) empieza una nueva fase; es decir, que el mercado seguirá cayendo. Los cazadores de gangas, que naturalmente protegieron sus posiciones largas con un stop-loss ligeramente por debajo del soporte, serán sacados del mercado por la caída repentina del precio.

Adicionalmente, las órdenes stop-sell de los vendedores en corto (los pedidos de aquellos que apuestan a la caída de los precios) se ejecutan y hacen descender aún más el mercado.

¡Este es el momento que los tiburones han estado esperando! **Porque en muchos casos, los llamados "vendedores" y "compradores" suelen ser los mismos peces.** Antes de haber empujado el mercado hacia abajo ya habían colocado desde hace tiempo grandes órdenes de compra por debajo de los mismos niveles del stop-loss. Esas órdenes de compra interceptan el mercado y lo lanzan nuevamente hacia arriba.

Los vendedores cortos de repente se dan cuenta de que han seguido al pez equivocado y son obligados a cubrir sus posiciones cortas volviendo a comprar sus contratos. Esto empuja al mercado aún más hacia arriba, el cual pronto vuelve a estar en el mismo nivel en el que estuvo por semanas, es decir, por encima de los US$ 44.20.

Después de este shock, por supuesto que nadie quiere ir en corto de nuevo. El resultado se puede ver claramente en el lado derecho de la tabla. Pocas horas después del fakeout, el mercado comenzó a subir como si no hubiera un mañana. El precio del petróleo subió 10 dólares en pocos días. Lo hermoso de las velas Heikin Ashi es que el trader puede identificar esta tendencia sin error.

Los grandes jugadores se han sabido divertir y obtuvieron enormes ganancias después de haber ingresado al mercado – con casi

0 puntos de riesgo – por debajo del soporte. La finta fue perfecta. El fakeout sacó corriendo del mercado a los pequeños traders (los cazadores de gangas y los traders cortos), quienes ahora deberán afrontar las pérdidas y ya no se atreven a entrar de nuevo al juego. El smart money una vez más ha logrado burlarse de todos y salirse con la suya.

Te encontrarás con este fenómeno repetidamente en los mercados actuales. Se podría hablar hasta de un patrón básico, y aquellos que lo entiendan pueden desarrollar una estrategia muy rentable basada únicamente en la observación de tales engaños. Además del scalping, este patrón se ha convertido en mi pan de cada día.

2. Cómo Identificar los Fakeouts?

Los fakeouts pueden ocurrir en cualquier lugar del mercado, y no siempre son evidentes. Quiero dar algunos consejos sobre dónde es mejor reconocerlos. También verás que su frecuencia disminuye en mercados en tendencia, especialmente cuando ocurren a gran volumen.

Este tipo de mercado es muy difícil de manipular, ya que sus participantes se han puesto de acuerdo sobre la dirección en la que desean comprar o vender. Además, siempre atrae la atención de decenas de miles de traders que buscan beneficiarse de la clara subida o bajada de los precios.

Si estudias los gráficos de mercados en tendencia verás un desarrollo regular de los precios. Esto se refleja claramente en el gráfico de velas y aún mejor en la representación Heikin Ashi.

A menudo solo verás velas blancas en este gráfico si el mercado aumenta bruscamente y velas negras si la tendencia a la baja es clara. Estos mercados de tendencia tienen seguidores muy leales, ya que por lo general son más fáciles de comerciar y difíciles de manipular.

Cuando la tendencia ha terminado o ha alcanzado su objetivo, el mercado generalmente se tranquiliza y la volatilidad disminuye. Es aquí cuando empieza a desplazarse hacia los lados y de manera indecisa. Este movimiento lateral es llamado *rango* por los traders.

Un rango no es más que una zona dentro de que el mercado se mueve por algún tiempo sin un destino claro. Las razones de su aparición pueden variar. Después de una fuerte tendencia es natural que el mercado descanse un poco. Las noticias económicas y las nuevas condiciones ya han sido asimiladas y los participantes parecen estar más o menos de acuerdo con el nivel actual de precios.

Otra razón podría ser simplemente la ausencia de noticias relevantes. Los mercados de divisas, por ejemplo, son mercados bastante impulsados por los acontecimientos financieros más recientes, y la ausencia de datos económicos importantes – como los informes del mercado laboral o las decisiones sobre las tasas de interés – a menudo genera pocas fluctuaciones en el precio de un par de divisas.

Esto también sucede cuando los actores del mercado están esperando la publicación de los últimos datos importantes. Muchos traders ni siquiera tienen una posición abierta antes de la publicación, por lo que el mercado parece deambular sin una dirección clara. Este es un mercado más para day traders y scalpers.

De vez en cuando el precio salta como una pelota de ping-pong sin poder romper el rango. Obviamente un mercado así no es muy atractivo para los traders de tendencia, lo que los obliga a buscar mejores oportunidades en otros escenarios más dinámicos.

Es por lo tanto importante que un trader tenga completa claridad sobre lo que está en juego en este o aquel mercado:

• ¿Se desaceleró el mercado después de una fuerte tendencia y ahora está reuniendo la fuerza necesaria para otro gran movimiento?

• ¿Los participantes esperan noticias importantes que les den un indicio de la dirección futura del mercado?

• Alternativamente, ¿está ocurriendo algo específico en este mercado?

Debido a que pocos traders se interesan en un mercado sin tendencia, el volumen es naturalmente más bajo. Sin embargo, este es exactamente el escenario en el que se producen los fakeouts. Si solo participan unos pocos jugadores, es naturalmente más fácil para un jugador mediano mover el precio por un corto tiempo en una u otra dirección.

Es tentador para un operador bien capitalizado crear un fakeout, especialmente cuando el precio se encuentra en el extremo inferior del rango (soporte) o en el superior (resistencia). Sabe que siempre hay infinidad de traders listos a responder a la maniobra. Por lo tanto, estos traders están apoyando consciente o inconscientemente al todopoderoso jugador en sus intenciones. ¿Cómo? operando el fakeout o vendiendo nuevamente tan pronto como la ruptura resulta ser falsa.

Los perjudicados son en este caso los traders que negocian la ruptura como tal. Tan pronto entran al mercado, el operador omnisciente rota su posición y empuja sus posiciones a pérdida. Eventualmente se dan cuenta de que han respaldado al jugador equivocado y deben cerrar sus operaciones con pérdida, lo que naturalmente ejerce una presión adicional en el mercado. Esta es la razón por la cual a veces se generan ventas espectaculares después de un fakeout.

Por lo tanto, es preferible esperar la ruptura, y si resulta ser falsa, actuar en la dirección opuesta. Es una ligera exageración, pero uno podría decir:

"Los amateurs negocian la ruptura, y los profesionales negocian el fakeout."

Por supuesto, siempre se requiere de cuidado. No todas las rupturas son falsas y algunas son solo el comienzo de una nueva tendencia. En este caso, el trader debe cerrar su posición inmediatamente.

Dado que los fakeouts preferiblemente aparecen en los niveles de precio – lo que en el análisis técnico llamamos soporte y resistencia – esperamos por lo tanto movimientos de precios regulares y predecibles. Un soporte significa que la presión de compra a un cierto nivel de precio es solo ligeramente mayor que la presión de venta. Esto obviamente no significa que no haya vendedores en este punto, lo cual es muy importante de recordar, incluso si el gráfico sugiere que el mercado ha girado en esa posición. Los vendedores definitivamente no han "desaparecido" misteriosamente.

Sin embargo, creo que el concepto de soporte y resistencia continúa ofreciendo excelentes oportunidades de negocio, únicamente

11

por razones de relación riesgo-recompensa. Muchos traders exitosos hacen justamente eso: compran el soporte y venden la resistencia.

Para quienes esta estrategia sea demasiado fácil o crean que hay demasiados movimientos falsos en los mercados actuales, la idea del *fake trading* podría ser una buena opción. Puedes concebir un *fake trader* como un operador que monitorea los eventos exactamente en el soporte y la resistencia. Si identifica un fakeout, inmediatamente obtiene una oportunidad para hacer dinero, sin importar cuán lejos o cuán cerca esté finalmente el objetivo de precio.

No es de extrañar entonces que muchos scalpers aprovechen esta circunstancia y sean muy buenos fake traders. No importa si sus objetivos de precio son naturalmente más cortos que los del swing trader, tienen la misma intención y ayudan a que el mercado regrese a la tendencia principal.

Veo al fake trader como el comerciante sagaz que hace exactamente lo contrario a un trader de ruptura normal. Este último simplemente coloca una orden stop-buy sobre la resistencia y una stop-sell bajo el soporte con la esperanza de que la ruptura tenga éxito. Este enfoque a veces puede funcionar, pero es más probable que este tipo de trader sea víctima de un fakeout.

Por el contrario, un fake trader espera pacientemente y observa la evolución de los eventos sobre la resistencia y el soporte. Si ocurre una ruptura, primero la observa. Si es real, entonces la deja correr. No toma posición alguna y ciertamente no se sube al tren. Este enfoque se lo deja a los principiantes, sabiendo muy bien que no tendrá un buen desenlace.

Si la ruptura se convierte en un fakeout, solo entonces surge para este trader una oportunidad real. Es posible comparar un fake trader con un francotirador que puede esperar y esperar — a veces durante horas — la mejor oportunidad para realizar un disparo exitoso.

"Un fake trader es siempre un negociador paciente."

Obviamente esto no significa que negociar rupturas no funcione más. Esta estrategia funciona muy bien y es una manera legítima de operar. Sin embargo, el trader dispuesto a negociarlas con éxito debe primero aprender a reconocer las falsas para poder evitarlas.

Esto es especialmente cierto durante la publicación de noticias esperadas e importantes. Aquí la ruptura del rango suele tener éxito y transformarse en una tendencia casi interminable durante días. Es importante que el fake trader también sepa esto. En ambos casos, el trader definitivamente debe protegerse con una orden de parada y defender su capital comercial de pérdidas importantes.

El problema es precisamente que los fakeouts son ahora la regla y las rupturas reales la excepción. La ruptura exitosa debe proporcionar una ganancia muy alta para compensar las muchas pequeñas pérdidas que vienen con los fakeouts. Por lo mismo, el trading de ruptura puede resultar muy frustrante si se espera una alta tasa de aciertos.

Además, no todos los fakeouts son iguales. Un fakeout contrario a la tendencia principal es una oportunidad mucho más interesante que uno en la dirección de la tendencia. El motivo es simple: si la tendencia principal es ascendente, un fakeout descendente puede ser una excelente oportunidad para una posición larga. El ejemplo del petróleo (Figura 1) ilustra muy bien este concepto.

Algunos operadores piensan – ¡y comparto esta opinión! – que los fakeouts en contra de la tendencia principal pueden ser las mejores oportunidades comerciales en los mercados actuales. Si solo por razones de relación riesgo-recompensa. Definitivamente vale la pena utilizar esta configuración como swing trader y mostraré varios ejemplos en este libro.

Los fakeouts en la dirección de la tendencia principal son generalmente movimientos a corto plazo. El mejor objetivo de precio que un trader puede esperar en este caso es el otro extremo del rango. Si la resistencia se ha superado en el corto plazo y el trader identifica

13

este movimiento como un fakeout – y por lo tanto va corto – entonces su objetivo es el soporte del rango.

En este caso, sin embargo, el trader siempre debe ser consciente de que este fakeout podría ser solo un primer intento y que en cualquier momento una ruptura en la dirección de la tendencia podría desarrollarse con éxito. Alcanzar el objetivo de precio (el otro extremo del rango) de ninguna manera está garantizado. Así que ten siempre en cuenta el panorama general al negociar los fakeouts.

Figura 2: FDAX, Gráfico de 4 horas, Heikin Ashi

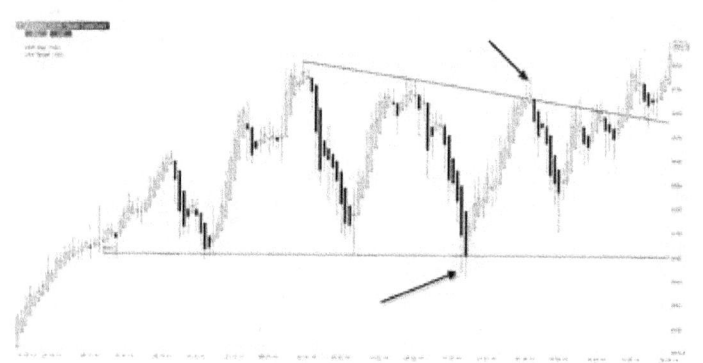

En este ejemplo del **FDAX** primero vemos un fakeout en contra de la tendencia (flecha inferior). El objetivo de la operación era el límite superior del rango, el cual en realidad se ha alcanzado. El segundo fakeout tuvo lugar en la dirección de la tendencia principal (flecha superior). El objetivo de la operación era la línea de soporte. Este objetivo no se logró, y vemos que después de dos intentos adicionales en la parte superior la ruptura finalmente tiene éxito (en la dirección de la tendencia principal).

Por lo tanto, es importante que recuerdes que aunque puedes negociar contra la tendencia principal, las mejores oportunidades se encuentran generalmente con la tendencia.

3. ¿Cómo Opero los Fakeouts?

Cualquier estrategia de negociación debe tener reglas claras y la negociación de fakeouts no es la excepción. Identificar fakeouts pertenece a las estrategias avanzadas; el trader tendrá que perder como en cualquier otro lugar. Por lo tanto, es imperativo que aquí también apliques las reglas de gestión de riesgo y capital.

Sobre todo, debes seguir las operaciones con una buena relación riesgo-recompensa. Una RRR de 1: 2 es probablemente la relación mínima a la que debes apuntar, aunque una de 1: 3 o incluso superior sería obviamente mejor. A continuación verás algunos puntos que considero importantes a la hora de negociar fakeouts. Estas reglas no están escritas en piedra y ciertamente hay variaciones que no he mencionado. Sin embargo, son suficientes para que comiences a operar esta estrategia. Con el tiempo, tú mismo podrás reconocer fakeouts en los gráficos y establecer tus propias configuraciones:

1. Busca zonas de consolidación en el gráfico. Las puedes reconocer si el precio se mueve en un rango estrecho y por lo tanto tiene poca volatilidad.

2. Si es posible, dibuja líneas de tendencia para identificar el rango. Deben ocurrir al menos dos contactos con la línea para que el rango sea legítimo. Cuantos más contactos, mejor.

3. No intentes negociar la ruptura de este rango. Espera a que la ruptura se materialice o se convierta en un fakeout.

4. Habiendo identificado un fakeout, abre una posición en la dirección opuesta a la ruptura justo después de la vela de ruptura. Si el precio de cierre de la vela está aún por fuera del rango, espera la próxima vela (s), porque en este caso podría ser una ruptura exitosa.

5. En este último caso, el mercado debería regresar relativamente rápido al rango. En el gráfico de 4 horas esto usualmente ocurre después de 3-5 velas a más tardar. Preferiría renunciar a negociarlo si esto no sucede.

6. El objetivo de precio para operaciones cortas es el soporte del rango (línea inferior del rango). El objetivo de precio para operaciones largas es la resistencia del rango (línea superior).

7. La parada siempre debes colocarla algo por encima de la vela falsa (en rupturas ascendentes) y algo por debajo de la vela falsa (en rupturas descendentes).

8. Debes alcanzar al menos una relación riesgo-recompensa de 1: 2. 2 Si la distancia hasta la parada es por ejemplo 50 pips, tu objetivo de precio debe estar al menos a 100 pips de distancia. Si no, personalmente abandonaría la operación.

Es importante que no se presente una ruptura explosiva; la resistencia se rompe verticalmente hacia arriba (o hacia abajo en un soporte). Porque entonces podría ser que el sentimiento del mercado realmente ha cambiado y la ruptura triunfa, dando paso a la que podría ser una fuerte tendencia.

Por el contrario, debes observar un movimiento más pequeño, preferiblemente con una sombra debajo o encima de la vela. Una buena señal son los doji o trompos justo después de la vela de ruptura. Estas señales indican un comportamiento vacilante después de la ruptura. En otras palabras, si no se presenta un impulso real, esto podría ser una indicación de que se trata de un fakeout.

Figura 3: Dojis y Trompos

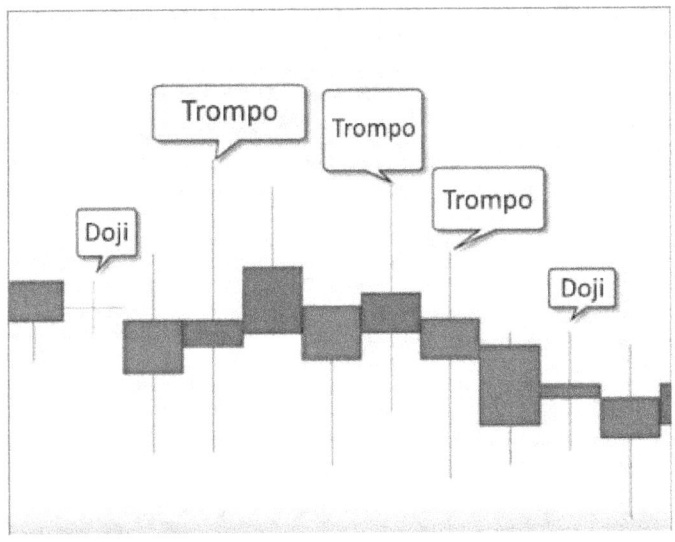

Debes ser escéptico con las rupturas, en especial cuando las noticias se mueven poco. Si no hay cambios de noticias realmente importantes, el catalizador para un cambio de movimiento podría ser la percepción del mercado por parte de sus participantes, la cual puede permitir una nueva tendencia. En ausencia de tal catalizador, deberías esperar fakeouts.

En resumen, se pueden definir los siguientes criterios:

- Se debe determinar un soporte o resistencia significativa y verificable (mínimo dos contactos con las líneas de tendencia).
- Una falsa ruptura – o fakeout –suele pillar mal parados a muchos jugadores del mercado.
- El soporte o resistencia deben recuperarse en el menor tiempo posible. Entre menos tiempo, mejor.

17

Estos criterios son simples y claros. No obstante, ilustraré este fenómeno en el libro usando varios ejemplos para que puedas identificarlos al estudiar los gráficos por ti mismo.

No obstante, una regla importante que podemos ver en la figura 1 es que cuanto más rápido se produce el fakeout (aquí dentro de una vela de 4 horas), más significativo puede ser el movimiento posterior en la otra dirección.

El ejemplo en la figura 1 muestra esto de forma clara. El mínimo del 29 de enero fue de US$ 43.57. Si hubieras ido largo en $44.20 después del fakeout en el soporte y hubieras puesto un stop loss en $43.50, estarías arriesgando $0.70. En la parte superior, podrías haber tenido una ganancia potencial de hasta $10.

En otras palabras, está arriesgando 70 centavos por $10. Esto es una relación riesgo-recompensa de 1:14. Estas son oportunidades excepcionales, precisamente las mismas que debes tratar de identificar para tener un swing trading rentable.

Figura 4: EUR/JPY, Gráfico de 4 horas

Un caso similar se presentó el 6 de mayo de 2016, en el par **EUR/JPY**. Aquí, "el mercado" rompió por poco tiempo el soporte en 121.70 llegando brevemente a 121.47. Estos fueron solo 23 pips, pero nuevamente, vemos un repunte significativo de más de 200 pips en la dirección opuesta.

En este caso, habría comprado después de la vela de ruptura cerca de 122 con un stop loss en 121.40, es decir, ligeramente por debajo del mínimo del fakeout, arriesgando 60 pips. Como puedes ver, USD/JPY subió por encima de 124, lo que significó un RRR de 60/200, cerca de 1: 3.

Si con la doctrina clásica hubieras comprado el soporte en el segundo contacto (en el medio del gráfico), tu ganancia habría sido considerablemente más modesta. Siempre vale la pena estar atento a un fakeout si quieres obtener una buena ganancia.

Figura 5: E-mini, Gráfico de 4 horas, Heikin Ashi

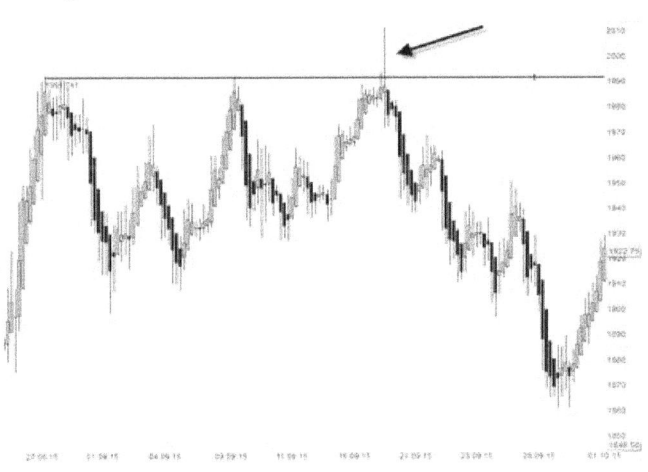

Lo que es cierto en las posiciones largas también se aplica en las cortas, como lo muestra claramente este ejemplo **en el futuro del E-mini SP.** En este caso, vemos que el mercado se encuentra en la importante señal psicológica de 2000 puntos como una clara resistencia en 1992.75 (línea horizontal superior). Este nivel se probó tres veces, hasta que el 17 de septiembre de 2015 los "toros" comenzaron a atacarlo (flecha). Puedes ver claramente que durante un tiempo breve realmente se logró este nivel de precios, e incluso se superó. Sin embargo, dentro de las horas siguientes los precios de nuevo cayeron por debajo de la resistencia.

Este movimiento nos muestra una clara falla de los "toros" y de seguro fue una finta para los traders que colocaron sus órdenes de venta en 2000. Simplemente tuvieron que esperar a que "el mercado" visitara este nivel brevemente para poder ejecutar sus órdenes de venta.

Este fakeout en el E-Mini resultó ser una excelente oportunidad corta equivalente al menos a 50 puntos. Personalmente habría asegurado la posición con un stop en 2001, ya que si el mercado hubiera alcanzado este nivel por segunda vez la ruptura podría haber tenido éxito.

Arriesgar 10 puntos para obtener 50 es una RRR (1: 5) propia de los buenos hábitos comerciales del swing trader. Este tipo de relaciones aumentarán tu rentabilidad y confianza y solamente necesitarás una tasa de aciertos de 50% para construir un negocio de trading muy rentable.

4. Fakeouts en el Gráfico Técnico

Ahora que conoces el patrón básico de los fakeouts, puedes rastrearlos en diferentes situaciones del mercado. Por lo general, ocurren en lugares muy puntuales de los gráficos técnicos, ya que el smart money sabe que muchos inversores minoristas buscan aquí oportunidades para ingresar al mercado. Además, hay mucha paradas cerca de esos niveles y, como ya hemos visto, es muy fácil para el dinero inteligente sacarlas del juego.

Aprende a interpretar el juego de los grandes jugadores para que no te dejes atrapar por él. De vez en cuando puedes echar un rápido vistazo a sus cartas y aprovechar la oportunidad. Como pez chico, puedes nadar al lado de los grandes tiburones, y te aseguro que el botín siempre vale la pena.

A. Banderas

Figura 5: USD/JPY, Gráfico de 4 horas

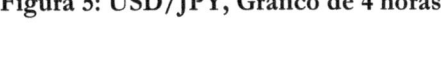
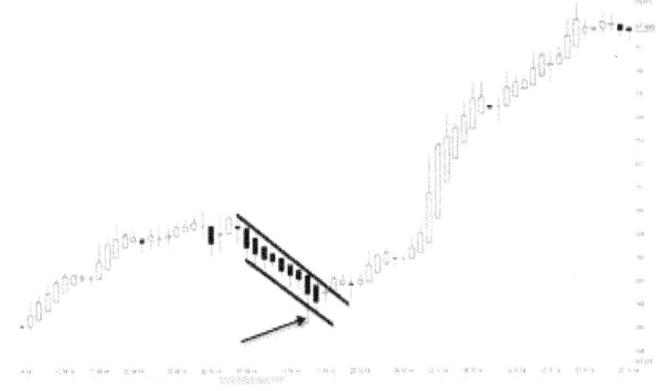

En este ejemplo del par USD/JPY (dólar estadounidense - yen japonés), muchos participantes del mercado basan su juego en las expectativas del análisis técnico clásico. El par estaba sufriendo una clara tendencia al alza (velas blancas en el lado izquierdo del gráfico), y como de costumbre, fue acompañado por una consolidación breve y claramente identificable (velas negras en el medio).

Estas fases de consolidación suelen ser movimientos opuestos a la tendencia y generalmente se resuelven en la dirección de la tendencia principal. En este caso, el análisis técnico habla de una **"bandera alcista",** porque la tendencia ascendente previa parece un asta y la consolidación opuesta una bandera. Por supuesto, también hay banderas bajistas.

A los analistas técnicos les gusta identificar el patrón con dos líneas de tendencia porque esta breve consolidación a menudo se ejecuta en un canal de tendencia estrecho, así como en este ejemplo del par USD/JPY. La expectativa típica es que este canal de tendencia se resuelva hacia arriba, con una ruptura de la línea superior del canal. Esta sería la señal de compra para otra ola del movimiento ascendente.

Sin embargo, puedes ver que sucedió lo contrario y la línea inferior del canal fue traspasada, provocando una señal de venta. Después de todo, la consolidación fue de aproximadamente 100 pips. Este deslizamiento de seguro sacó a muchos seguidores de tendencia que habían colocado su parada demasiado cerca del mercado.

Además, en este ejemplo vemos que el "vendedor" pronto abandona el terreno por nuevos "compradores", quienes amortiguaron el deslizamiento y compraron el mercado de vuelta dentro del pequeño canal de tendencia. Después de una vela adicional de consolidación aparece un doji, y la vela siguiente era la esperada de ruptura que activa la señal de compra de acuerdo con la doctrina clásica.

Quien haya observado el fakeout – y por consiguiente la intención oculta de los actores que lo organizaron – ya habría comprado una vez que los cursos estuvieran nuevamente dentro del canal. El fake trader sabe que la fuerte influencia del smart money atraparía el USD/JPY tan pronto como tocara el fondo del canal. La parada de protección podría haberse colocado justo por debajo de la sombra inferior del fakeout.

De esta forma, el swing trader inteligente puede entrar al mercado a un precio mucho más barato que al precio de la ruptura (si la hubiera esperado). También habría obtenido una mejor relación de riesgo-recompensa que el trader de ruptura que colocó su stop por debajo del canal. También aquí, un monitoreo cercano de la acción puede llevar a una decisión de trading más inteligente.

En cuanto a las salidas, claramente me mantendría en una tendencia de acuerdo al color del gráfico Heikin Ashi. En este caso, más de 1000 pips habrían sido una ganancia monstruosa en este par.

B. Triángulos

Los triángulos también se encuentran entre los instrumentos más comunes de los analistas técnicos y, por lo general, pertenecen a los llamados patrones de continuación. Esto significa que la expectativa de los analistas es que una ruptura de este patrón geométrico tenga lugar en la dirección de la tendencia principal.

Figura 6: DAX, Gráfico de 4 horas, Velas Tradicionales

Esta imagen del gráfico de 4 horas del **DAX** ilustra este patrón. Vemos cómo el índice se va desarrollando en un triángulo simétrico después de una tendencia descendente. Esto es caracterizado por la disminución en la volatilidad, la cual es grande al principio pero se va reduciendo gradualmente. Los máximos son más bajos y los mínimos más altos, haciendo posible el patrón. El analista técnico que reconoce el patrón lo distingue en el gráfico principalmente por las dos líneas convergentes.

En este ejemplo, inicialmente hubo aún más fakeouts. Se presentaron dos intentos por romper la línea de resistencia hacia arriba (flechas superiores), pero ambos fallaron. Un swing trader podría haber operado en corto aquí dos veces. El objetivo de precio siempre fue la línea de soporte del triángulo simétrico.

Ahora, la característica especial de un triángulo simétrico es que el rango de negociación, mientras exista, siempre se está reduciendo. Tarde o temprano el mercado irá para uno u otro lado.

El tercer intento por romper el nivel de resistencia tuvo éxito, y la verdad es que fue muy convincente. Vemos claramente cómo las velas alcistas perforan la línea de resistencia sin oposición. El trader no debería oponerse a tal demostración del poder de los toros. Solo la vela de ruptura por sí misma abarcaba todo el rango. Si observas la renuencia del mercado antes de la ruptura comprenderás que aquí hubo un cambio crucial. Las velas no tienen sombras significativas y son más grandes que la mayoría de las anteriores.

La expectativa del mercado era que el triángulo simétrico como patrón de continuación se resolvería hacia abajo. Esto también sucedió en el cuarto contacto, pero "el mercado" cayó por debajo de la línea solo brevemente. Poco después de eso, el movimiento ascendente masivo que desencadenó la ruptura real comenzó.

El fakeout a la baja como tal significó el inicio de la ruptura hacia arriba. Esta es también una clásica finta que verás repetidamente en los mercados actuales. Es casi normal que la primera vez el precio pareciera ir en la dirección incorrecta antes de que la verdadera intención se revele. Es por esto que personalmente creo que el fake trading es un negocio muy emocionante y gratificante.

C. Canales de Tendencia

Figura 7: NZD/USD, Gráfico de 4 horas, Heikin Ashi

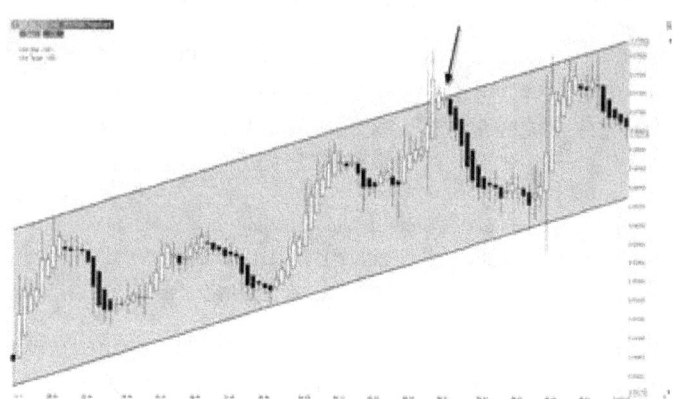

Los canales de tendencias son también las herramientas favoritas del analista técnico. Son herramientas sensatas y prácticas que ahora están integradas en casi todas las buenas plataformas. El principio es simple: una vez que el analista ha identificado una tendencia, como aquellos mínimos más altos de la Figura 6, puede examinar si una línea paralela también puede conectar los máximos de la tendencia.

Este fue el caso en el par de divisas **NZD/USD** (dólar neozelandés - dólar estadounidense). Curiosamente, las divisas disfrutan moverse en un canal de tendencia. Cada contacto, ya sea con la línea de soporte o resistencia, proporciona la oportunidad para una operación rentable. El objetivo de precio es por lo general el siguiente contacto con la línea opuesta.

Los traders a los que les gusta negociar canales de tendencia colocan la mayoría de sus paradas por encima de la línea superior (para posiciones cortas) o por debajo de la línea inferior (para posiciones largas). Dado que los grandes jugadores saben esto, siempre disfrutan hacer un pequeño **"viaje"** sobre o debajo de una de las dos líneas para ver cuántos stops pueden cazar.

Obviamente antes de hacerlo han colocado órdenes más grandes con la intención exactamente opuesta. Si disparan en la parte superior, como en el ejemplo, suben los precios hasta que sus órdenes cortas se ejecutan a través de la línea de resistencia. Bajo la presión de las órdenes de venta, el precio regresa de nuevo al canal. Un scalper inteligente puede sospechar y saltar sobre el tren descendente, lo que acelera aún más la tendencia.

La forma avanzada de operar los canales de tendencia no sería, en el sentido clásico, negociar el siguiente contacto, sino esperar a que surja o no algún fakeout, lo que representa un empujón mucho más fuerte en la otra dirección que el contacto clásico. Si los operadores de ruptura siguen el fakeout, se lo pensarán dos veces antes de comprar de nuevo después de ser sacados del mercado por el smart money.

Por lo tanto, podría ser mejor esperar a que todos los stops hayan sido cazados antes de entrar en una posición en del canal de tendencia. El trader tiene así una confirmación mucho más fuerte del rechazo. Además, está operando en la misma dirección del smart money, el cual ahora impulsa el mercado de nuevo hacia la otra línea del canal.

Lo interesante en el ejemplo de la figura 7 es que después de que la ruptura fallara, el gráfico Heikin Ashi dibujó un doji (flecha superior) con un precio de cierre exactamente por debajo de la línea de soporte. Los "compradores" no pudieron mantener el precio fuera del canal. En este caso, después de completar la vela doji, una posición corta habría sido la conclusión lógica.

Por consiguiente, si el trader va corto en el precio de apertura de la vela siguiente (en 0.6733), puede colocar un stop-loss en algún lugar en la parte superior del fakeout (en 0.6790), arriesgando 57 pips. El objetivo de precio – el borde inferior del canal – estaba alrededor del número redondo 0.6600 en ese momento. El trader arriesga 57 pips para ganar 133, correspondiente a una RRR de 1: 2.33. Aunque esta RRR es significativamente menor que en los ejemplos anteriores, los fakeouts en los canales de tendencia son excelentes oportunidades comerciales que tienen un alto grado de probabilidad de éxito.

5. Negociando Tipos de Cambio Cruzados

Figura 8: CAD/JPY, Gráfico Diario, Heikin Ashi

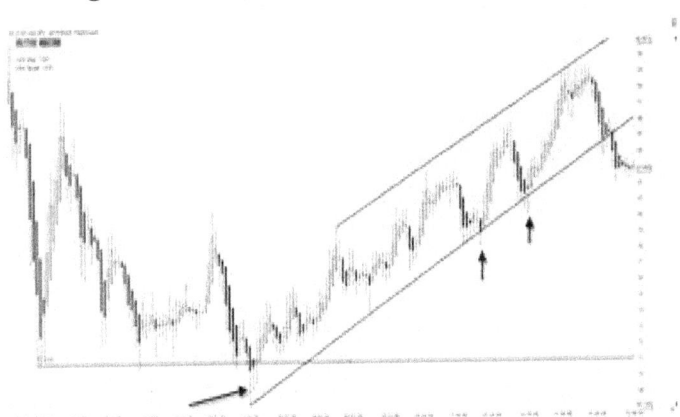

De vez en cuando puede tener sentido ver más allá de tu propia nariz y negociar mercados que no están en el centro de atención de los traders internacionales. Por lo general no se escucha nada o casi nada en la prensa y en Internet sobre mercados potencialmente interesantes para negociar. Como son menos observados, pueden ofrecer menos competencia para los traders.

Esto también significa que las tendencias son mejores y las reglas del análisis técnico funcionan mejor. Sin embargo, es importante que no te dejes engañar: los grandes jugadores también participan de ellos, como muestra claramente el ejemplo anterior del CAD/JPY (dólar canadiense - yen japonés).

Si negocio los llamados **tipos de cambio cruzados** (pares de divisas en donde el dólar estadounidense no es una de las monedas), como swing trader me gusta observar el gráfico diario. Esto a menudo me da una perspectiva a largo plazo durante varios años. Puedo ver cómo los grandes jugadores comercian esas divisas. Frecuentemente encontrarás aquí tendencias abrumadoras que pueden durar años.

Por lo tanto, vale la pena operar en estos mercados. Prefiero ver estos gráficos los fines de semana, generalmente los domingos. De esta manera no estoy involucrado en las operaciones diarias y estar dos días alejado del mercado me da la perspectiva necesaria para notar cosas que pasé por alto durante la semana.

Si consideramos este ejemplo del par CAD/JPY con más detalle vemos de nuevo una falsa ruptura clásica después de que el par encontró un soporte en 71 (línea horizontal inferior). La ruptura de este nivel duró solo dos días.

Las largas sombras bajo las dos velas negras Heikin Ashi sugieren que los compradores volvieron a atrapar este mercado (ya sabemos quiénes son). El desarrollo posterior del gráfico muestra claramente que este fakeout fue exactamente el comienzo de la tendencia ascendente que siguió. Lo que ves (ruptura hacia abajo, flecha), es exactamente lo contrario de lo que realmente se pretendía.

Después de que el smart money compró el CAD/JPY en el nivel mínimo, comenzó a negociarlo día tras día. Incluso hubo otras dos buenas oportunidades para que los fake traders ingresaran al mercado a un buen precio (dos flechas a la derecha). De nuevo, los grandes jugadores ayudaron diligentemente a mantener el precio dentro del canal de tendencia.

6. Patrones Más Complejos

Figura 9: EUR/JPY, Gráfico Diario, Heikin Ashi

La Figura 9 muestra el gráfico diario Heikin Ashi del par EUR/JPY, cubriendo el período de diciembre de 2013 a agosto de 2015. Los analistas técnicos experimentados la reconocen con relativa rapidez en un gráfico: **esta es la línea de tendencia interna que a menudo muestra una inversión de roles entre el soporte y la resistencia.** De diciembre de 2013 a noviembre de 2014 la línea claramente funcionó como resistencia, una que los toros no pudieron superar. Sí la pudieron superar el 19/09/2014, sin embargo, esta ruptura terminó siendo un fakeout (primera flecha hacia la izquierda).

Entre noviembre de 2014 y enero de 2015 el par logró una ruptura significativa por encima de la línea de resistencia. Sin embargo, regresó y cayó de nuevo por debajo de ella. Sorprendentemente, después de esta excursión la línea todavía era válida y siguió actuando varias veces como resistencia. Después de dos fakeouts más (flechas 2 y 3), el par siguió retrocediendo hasta que finalmente superó de nuevo la línea de resistencia, esta vez con éxito, el 3 de mayo de 2015.

Después de esta fecha, la función de la línea cambió a un soporte. Además, aquí vemos dos fakeouts que se hubieran podido negociar muy bien.

Figura 10: EUR/JPY, Gráfico Diario, Heikin Ashi, Abril 2015- Junio 2016

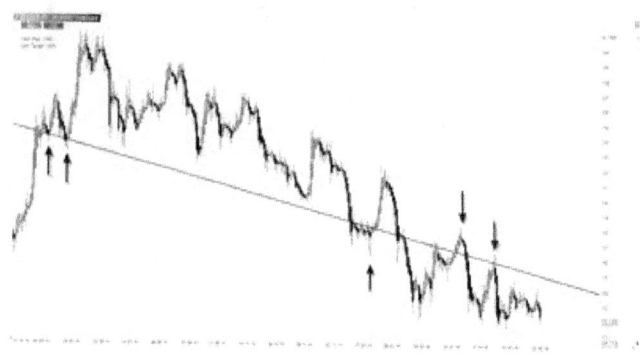

La Figura 10 muestra la segunda parte de este gráfico. Lo increíble es que la línea de tendencia interna desde diciembre de 2013 todavía era válida. El EUR/JPY aún oscilaba a su alrededor, a veces como soporte y a veces como resistencia. Hasta la fecha de esta captura de pantalla (2 de junio de 2016) la línea seguía funcionando. Por lo tanto, se pueden seguir esperando contactos y fakeouts a su alrededor.

Por supuesto, estas líneas de tendencia interna con una duración de más de dos años son raras, pero existen. Esta línea muestra la tendencia a la baja superficial en el EUR/JPY desde hace dos años y medio.

Con la práctica podrás reconocer líneas de tendencia interna similares en otros gráficos. Son muy interesantes, ya que los jugadores del mercado parecen respetarlas durante largos períodos de tiempo. A veces los contactos son precisos, pero a menudo al smart money le gusta crear un fakeout. Por lo general, estas son excelentes oportunidades comerciales.

Glosario

Bandera Alcista (Bullish Flag): movimiento de corto plazo en dirección opuesta a la tendencia principal.

Candelabro (*Candlestick*): codificación de los cambios de precios sobre la base de una tecnología de análisis japonesa.

Caza de Stops (*Stop Fishing* o *Stop Hunting*): movimiento aparente tardío de los grandes actores del mercado para activar las paradas de los pequeños inversores y sacarlos del mercado.

Decisión de tasa de Interés (*Interest Rate decision*): el anuncio de la decisión del Banco Central sobre el rumbo futuro de las tasas de interés.

Doji: formación de candelabros en la cual el precio de apertura y cierre se encuentran en el mismo nivel.

Forex: mercado internacional de divisas.

Futuros E-Mini (*E-Mini Futures*): contrato de futuros del índice estadounidense S&P 500.

Gráfico Heikin Ashi (*Heikin Ashi Chart*): representación gráfica japonesa de los cambios de precios.

Gestión de Capital (*Money Management*): estrategia que busca controlar el riesgo sobre el portafolio de instrumentos determinando el tamaño de las posiciones de negociación.

Gestión de Riesgo (*Risk Management*): estrategia que incluye todas las medidas para la identificación sistemática, análisis, evaluación, monitoreo y control de riesgos.

Línea de Tendencia Interna (*Internal Trend Line*): línea de tendencia cuya función cambia entre resistencia y soporte.

Martillo (*Hammer*): Vela de reversión en la representación gráfica de candelabros. La vela tiene un cuerpo pequeño con una larga sombra inferior.

Momentum: impulso que informa al inversionista sobre el ritmo y la fuerza de un movimiento de precios.

Orden Stop Loss (*Stop Loss Order*): orden de venta que se ejecuta una vez que se alcanza un precio determinado.

Orden Sell-Stop (*Sell-Stop Order*): orden de venta automática que se ejecuta cuando el mercado ha alcanzado dicho nivel de precio.

Patrón de Continuación (*Continuation Pattern*): ruptura en la tendencia principal al final de la cual se reanuda la dirección anterior.

Pip: porcentaje en punto, el menor cambio de precio en el trading de divisas.

Posición corta (*Short position*): en el mercado de futuros, cuando un trader vende una posición sin poseerla (venta corta).

Posición larga (*Long position*): en el mercado de futuros, cuando un trader compra valores y es dueño de ellos.

RRR (*Risk-Reward Ratio*): relación riesgo-recompensa. Indicador de la utilidad de un sistema. Se calcula dividiendo la rentabilidad esperada sobre la pérdida máxima.

Rango (*Range*): movimiento lateral reconocible en el mercado.

Resistencia (*Resistance*): nivel de precio en el cual los vendedores emergen con mayor frecuencia.

Scalping: Estrategia de trading en la que el operador negocia los movimientos mínimos del mercado.

Seguimiento de tendencia (*Trend following*): estrategia de trading que se centra en el seguimiento de tendencias previamente identificadas.

Soporte (*Support*): nivel de precio en el cual los compradores emergen con mayor frecuencia.

Tipos de Cambio Cruzados (*Cross Rates*): Pares de divisas que no incluye el dólar.

Trompo (*Spinning Top*): patrón gráfico con un cuerpo pequeño y sombras largas. Con el doji usualmente describen incertidumbre en el precio del mercado.

Volatilidad (*Volatility*): desviación estándar. Indicador que especifica la variación en el precio de un mercado.

Otros Libros de Heikin Ashi Trader

Swing Trading con el Gráfico de 4 Horas

Parte 3: ¿Dónde pongo el stop?

En esta tercera parte de la serie "Swing Trading con el gráfico de 4 horas", el Heikin Ashi Trader responde a la pregunta: **¿dónde se debe colocar el stop?**

Una vez que el trader introduce paradas en su sistema, su tasa de aciertos se deteriora. Sin embargo, obtiene al mismo tiempo el control total de su gestión comercial. Es por esto que las paradas no son algo a evitar, sino una parte integral de un sistema de trading orientado completamente hacia los beneficios.

Las paradas son en realidad los instrumentos que hacen posible las ganancias. Dado que el dinero se hace al salir del mercado, el trader inteligente siempre lleva a cabo una gestión de stops cuidadosa y planeada. La formulación de reglas totalmente claras – tanto en la negociación de la tendencia como en el trading con objetivos de precio fijos – es el requisito fundamental para garantizar que el trader sea el dueño de su propio juego.

Todo trader exitoso desarrolla eventualmente sus propias reglas. Sin importar el tipo o la condición del mercado, este trader siempre se mueve a su ritmo y jamás se deja influenciar por nada. Es exactamente esta disciplina la que lo lleva un día a convertirse en el "Maestro del Juego".

Tabla de contenido

Cómo empezar un negocio de Trading con $500

Muchos traders que apenas empiezan en el negocio financiero cuentan con poco capital disponible para negociar. Pero esto no es un obstáculo para comenzar una carrera exitosa en el trading.

Sin embargo, este libro no trata sobre cómo convertir una cuenta de $500 en una de $500,000. Son precisamente estas expectativas de retorno exageradas las que llevan a muchos traders novatos al fracaso.

Por el contrario, el autor explica de una manera bastante realista cómo puedes convertirte en trader de tiempo completo a pesar de contar con un capital limitado. Esto aplica tanto para traders que quieran realizar su actividad en privado como para aquellos que eventualmente desean negociar activos financieros en nombre de sus clientes.

Este libro muestra paso a paso cómo hacerlo. Además, contiene un plan de acción concreto para cada paso. En principio, cualquier persona puede ser un trader, si él o ella están dispuestos a aprender cómo funciona el negocio.

Tabla de Contenidos

¡El Scalping es Divertido!

4 libros en uno

Parte 1: Trading Rápido con el Gráfico Heikin Ashi

Parte 2: Ejemplos Prácticos

Parte 3: ¿Cómo Evalúo mis Resultados de Negociación?

Parte 4: El Trading es Fluir

El Scalping es la manera más rápida para hacer dinero en los mercados financieros. No existen otros métodos que puedan aumentar el capital de un trader con mayor eficacia. Para explicar el por qué, el trader Heikin Ashi, radicado en Alemania, lo describe detalladamente en el presente e-book, el primero de una serie de cuatro libros sobre el scalping.

Parte 1: Operaciones Transacciones Veloces con el Gráfico Heikin Ashi

1. Bienvenido al Scalping. ¡Es divertido!

2. ¿Cómo funcionan los mercados?

3. ¿Qué es el Trading?

4. ¿Qué es el Scalping?

5. El gráfico Heikin Ashi

6. La configuración del Scalping

7. Cómo Gestionar el Riesgo y el Dinero

8. ¡Toma una Decisión!

Parte 2: Ejemplos prácticos

1. Scalping con Análisis Técnico

2. ¿Cómo Interpreto los Gráficos Heikin Ashi?

3. ¿Cuándo Entro al Mercado?

4. ¿Cuándo Salgo del Mercado?

5. Trabajar con Objetivos de Precios

6. El Scalping Heikin Ashi en la Práctica

7. ¿Es Útil el Análisis Técnico en el Scalping Heikin Ashi?

Parte 3: ¿Cómo evalúo mis resultados de negociación?

3. ¿Cómo está Jenny ahora?

4. El Scalping es un Negocio

Parte 4: El Trading es Fluir

1. Negocia Sólo Cuando sea Divertido

2. Cuando No Debes Negociar

3. Las Mejores Horas de Negociación para:

A. Traders de Forex

B. Traders de Índices Bursátiles

C. Traders de Crudo

4. ¿Por qué el Scalping Ultra-Rápido es Mejor que Unas Pocas Operaciones Bien Estudiadas?

5. La Disciplina se da Mejor en el Flow

6. Instrumentos de Advertencia y Control

7. Sé Agresivo Cuando Ganes y Sé Defensivo Cuando Pierdas

Sobre el Autor

Heikin Ashi Trader es el seudónimo de un trader con más de 16 años de experiencia en el day trading de futuros y divisas. Se especializa en el scalping y el day trading ultra-rápido. Además de su actividad comercial, también publica libros en los que enseña sus métodos de negociación. Los temas que trata son: scalping, swing trading y gestión de dinero y riesgo.

Sello Editorial

Primera Edición 2017

Texto: © Derechos de autor por Heikin Ashi Trader

Published by:

DAO Press, LLC

Plaza de San Cristobal, 14

03002 Alicante